Ras-Satah

Tébessa

Réponse à M. MASTIER

AU SUJET DE LA

PARTIE DE SON RAPPORT

AYANT TRAIT A CETTE

Concession de Phosphate

Bône. — *Imprimerie Centrale*, Cours National, près la Poste

Ras-Satah

Tébessa

Réponse à M. MASTIER

AU SUJET DE LA

PARTIE DE SON RAPPORT

AYANT TRAIT A CETTE

Concession de Phosphate

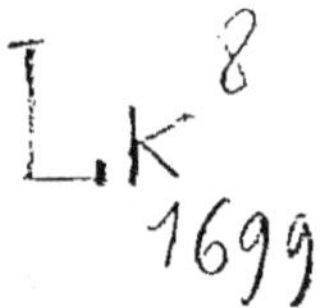

Bône. — Imprimerie Centrale, Cours National, près la Poste

A MONSIEUR MASTIER

Rapporteur de la Commission d'Enquête

SUR LES CONCESSIONS DE PHOSPHATES A TÉBESSA

Bône, le 8 décembre 1895.

MONSIEUR,

Vous débutez, dans votre Rapport, par déclarer que la mission qui vous avait été confiée par le Gouvernement était de constater si aucun acte de *négligeance*, de *dol* ou de *fraude*, n'avait été commis lors des concessions de phosphate accordées à Tébessa.

Or, n'ayant pu découvrir, dans la concession du *Ras-Satah*, aucun des trois délits, ci-dessus mentionnés, dans la manière dont elle a été adjugée par la commission municipale de *Morsott*, vous n'en avez pas moins jeté le doute sur la valeur de cette concession, en émettant des appréciations qui n'ont aucune base appréciable et qui sont tout à fait en dehors de la question.

Je remarque, en effet, dans les quelques lignes que vous consacrez au *Ras-Satah* la phrase suivante : « Au plus offrant, *M. Cau*, fut préféré *M. Garnier*... » qui rappelle trop la campagne et la thèse soutenue, depuis deux ans, par *M. Ferrouillat*, qui a pris la peine de suivre la commission d'enquête, étape par étape, de France à Alger, et d'Alger à Constantine, pour mieux l'éclairer, probablement sur ses prétentions.

Mais, si vous aviez écouté le son d'une autre cloche, vous auriez appris, ainsi qu'aurait pu vous le prouver la délibération même du Conseil municipal de *Morsott* (que vous aviez sous la main à Tébessa) que *M. Mollet*, agent de *M. Ferrouillat*, ayant été préalablement écarté de cette adjudication, ce fut *M. Cau* qui soumissionna, *in extremis* pour le compte de ce dernier, sans avoir même eu le temps de se prémunir des pièces nécessaires au droit de soumission.

Vous ajoutez, ensuite, que l'Administrateur, *M. Saar*, avait fait preuve de partialité en faveur de M. Garnier et d'hostilité envers son concurrent *M. Cambon*, frère du Maire de Tébessa et, ici, j'avoue ne rien comprendre à votre insinuation, qui porte complètement à faux, puisque *M. Cambon* n'était nullement soumissionnaire, ainsi que vous auriez pu le constater — je le répète de nouveau — si vous aviez pris connaissance du procès-verbal de la séance de la Commission municipale de *Morsott*. Par quelle fantaisie bizarre faites-vous donc intervenir ainsi un concurrent qui n'a jamais existé et auquel vous donnez le rôle de soumissionnaire par persuasion ?

Enfin, je cite textuellement la phrase suivante que vous me permettrez de trouver passablement ambiguë. Elle a trait à la conduite tenue, en cette occassion, par *M. Saar* qui était à l'époque, Administrateur de la Commune mixte de *Morsott* : « Evidemment trop favorable (*M. Saar*) à la demande de *M. Garnier* avec lequel il entretient des relations *dont l'intimité se justifie peu*, surtout lorsqu'il est *démontré* que *M. Garnier* n'est autre chose que l'agent de *Jacobsen* et que, par suite, la concession nouvelle, faite à *Garnier* n'aurait pu qu'augmenter la part déjà trop large de la Société Anglaise... »

Ces quelques lignes, nuageuses, cachent de nombreuses insinuations malveillantes qui ne peuvent être basées sur aucune preuve et n'émanent que des racontages intéréssés que vous avez recueillis à Tebessa. Toujours la même cloche !

Elles prouvent, néanmoins, que vos sympathies sont toutes administratives et que les déclarations provenant de fonctionnaires, quels qu'ils soient, ont la plus grande valeur à vos yeux.

Vous devez considérer qu'en dehors du fonctionnarisme il n'y a pas de salut ; et votre idée du rôle qu'il est appelé à jouer, dans notre organisation sociale, est telle que vous ne pouvez comprendre qu'un négociant — race inférieure, paraissez-vous croire - puisse avoir des relations cordiales, sociables et agréables avec un fonctionnaire de l'Etat, fussent-ils égaux, tous deux, par l'éducation et par l'instruction qu'ils ont reçues.

Dont l'intimité se justifie peu, avez-vous cru pouvoir écrire !

Et pourquoi, Monsieur, ne pouvez-vous admettre qu'un négociant honorable, comme l'est aux yeux de tous *M. Eugène Garnier*, fréquente dans un pays aussi éloigné que Tébessa, où les relations entre Européens sont si restreintes, un Administrateur comme *M. Saar*, qui n'a peut-être pas une idée aussi élevée de son *panache* que vous paraissez l'avoir du vôtre?

Pourquoi n'incrimineriez-vous pas, au même titre, les relations cordiales et mondaines entretenues par *M. Saar* et par *M. Garnier* avec les rares officiers qui tenaient garnison à Tébessa?

Vraiment, cette critique aussi nouvelle qu'inattendue, tendrait à faire croire que les enquêtes administratives gagneraient à être confiées à des agences « Tricoche et Cacolet » qui, mieux que vous, rempliraient le rôle d'enquêteurs.

« Que faisiez-vous tel jour et à telle heure en compagnie de M. Tel ou Tel? », serait la vraie formule qui régirait ces enquêtes soi-disant administratives.

Pour compléter votre phrase insidieuse, vous ajoutez : «... surtout lorsqu'il est *démontré* que *Garnier* n'est autre que l'agent de *Jacobsen*. »

Démontré par qui, démontré par quoi? Vous naviguez, de plus en plus, dans des suppositions basées sur des *potins de clocher* et sur les dépositions douteuses de concurrents évincés, trouvant plus naturelle la présence, à l'adjudication du *Ras-Satah*, de *M. Cau*, auquel sa profession interdit toute opération commerciale et dont la soumission *illégale* n'a été admise que par suite du trop grand désir d'être impartial, éprouvé par l'Administrateur que vous incriminez dans le sens contraire.

Et cependant, vous n'ignoriez pas que *M. Cau* était l'agent avéré du trop célèbre *M. Ferrouillat*.

A la rigueur, vous auriez dû admettre aussi (lors même que cela serait vrai) que *M. Garnier* fut l'agent de *M. Jacobsen*, car, dans ce cas, la situation des deux soumissionnaires aurait été identique.

J'irai plus loin et j'affirmerai même que si *M. Garnier* avait agi de concert avec *M. Jacobsen*, il n'y aurait rien de répréhensible dans son cas, au point de vue de la mission qui vous incombait, car ce cas ne comporterait ni *négligeance*, ni *dol*, ni *fraude*, d'après les règlements qui régissent ces adjudications.

La thèse contraire nous entraînerait trop loin, car il faudrait rayer de notre « Code commercial » tout ce qui touche à la *com-mandite*, aux *sociétés en commandite* et à la personne du *com-manditaire* même, en remplaçant la désignation du *commandité* par celle d'*homme de paille*, qui paraît devoir, depuis quelque temps, tenir lieu de toute autre.

Ce serait la mort de toutes les entreprises commerciales et industrielles, en France aussi bien que dans nos colonies, et la place, ainsi balayée, deviendrait exclusivement libre pour les quelques princes de la Finance qui roulent sur les millions.

On pourrait s'écrier alors : « Le commerce est mort ! Vive le monopole ! ! »

C'est à quoi paraît tendre votre Rapport, à en juger par les quelques lignes que vous y consacrez à la question du *Ras-Satah* que vous avez mal entrevue et que vous jugerez mieux quand vous aurez pris connaissance des documents que j'ajoute, en communication, à la présente lettre.

J'ajouterai, en terminant, que si les autres parties de votre Rapport, qui ont trait aux concessions du *Dyr*, du *Djebel-Kouif* et du *Djebel-Kissa* n'ont pas été étudiées plus sérieusement et plus impartialement que ce que vous avez *rapporté* sur le *Ras-Satah*, le résultat de votre tâche est bien incomplet et je crains fort que tout ne soit à recommencer.

A nouveau Gouvernement, nouvelle Enquête ! et, dans l'espoir que celle-là sera bien la dernière,

Je vous prie d'agréer, Monsieur, l'expression de mes sentiments distingués,

F. GARNIER.

(Villa-Fleurie).

ENQUETE

SUR

l'Amodiation des divers Communaux de Phosphates

16 janvier 1894.

Le Président donne lecture d'une dépêche préfectorale du 28 décembre 1893, N° 9626, 4ᵉ bureau, prescrivant d'ouvrir une enquête de huit jours sur l'amodiation des divers communaux de douars dans le but d'y exploiter des carrières de phosphates de chaux ; il ajoute que cette enquête annoncée aux intéressés, par affiches, en date du 30 décembre 1893 et publiée sur tous les marchés de la Commune mixte, a été ouverte le 8 janvier et close le 15 du même mois ; il donne lecture des six réclamations présentées à la Commission enquêteuse et inscrites sur un registre *ad hoc*, ainsi que de l'avis du Commissaire ; il dépose en même temps sur le bureau les procès-verbaux d'expertise et plans des terrains amodiés ainsi que les cahiers des charges qui ne sont autres que les contrats passés avec les concessionnaires.

Il termine en invitant l'Assemblée à délibérer sur les résultats de l'enquête.

La Commission municipale, après examen des observations contenues au registre, constate qu'elles ne portent que sur deux points :

1° Dommages causés aux adjudicataires des parcelles de labour comprises dans les Communaux par suite de l'occupation de tout ou partie de ces parcelles par les exploitants de phosphates ;

2° Entraves portées à la liberté des parcours des troupeaux.

Elle remarque que ces deux objections sont prévues par les contrats tenant lieu de cahiers des charges, de manière à ce que tout dommage causé soit équitablement réparé.

Les surfaces occupées par les exploitants, doivent former l'objet d'une redevance annuelle de 30 francs par hectare qui sera versée à la Commune, mais qui reviendra aux locataires, sous forme de dégrèvement, lorsqu'il aura été constaté que les surfaces occupées sont bien des terrains de labour ;

2º Tous les cahiers des charges réservent expressément aux indigènes le droit de parcours dans tous les Communaux, même le droit de traverser les voies de communication établies par les exploitants et cela à la seule appréciation de l'Administration locale.

En conséquence, la Commission municipale partage l'avis du Commissaire-enquêteur et estime que les résultats de l'enquête ne sont pas de nature à changer quoi que ce soit aux concessions déjà accordées ; ni à empêcher les nouvelles exploitations d'être concédées ; elle confirme les contrats déjà passés avec : 1º Mme veuve Laporte ; 2º M. Bertagna ; 3º M. Barboutie ; en ce qui concerne les concessions Tahar ben Taïeb et *Mollet,* elle ne peut arrêter de contrat définitif, leurs demandes n'ayant pas encore été régularisées mais elle prend l'engagement de leur imposer dans ce contrat les conditions générales des contrats précédents et ratifie d'ores et déjà les conventions à intervenir dans ce sens ; elle prend la même décision relativement à la concession *Camilliéri.*

Mais, au sujet de cette dernière, le Président fait remarquer que la décision prise le 20 septembre, par la Commission municipale, a donné lieu à diverses protestations adressées tant à l'Administration qu'au Préfet et au Gouverneur général ; il prie, en conséquence, l'assemblée de décider si, en raison de ces protestations, elle croit devoir reprendre l'examen de la demande *Camillieri,* ou bien si elle préfère confirmer purement et simplement sa première décision (M. Camillieri, membre de la commission, directement intervenu dans la décision, se retire à ce moment sur l'invitation du Président). (1)

La Commission discute et, par cinq voix contre quatre, décide qu'on ne peut pas rejeter systématiquement les protestations qui se sont produites, qu'il y a lieu de les examiner et, dès lors, de remettre en examen la question de concession des gisements de *Ras-Satha* et de *Kef-Ghezala.*

Le Président donne alors lecture des protestations de MM. *Mollet,*

____

(1) Il est à remarquer que M. Camilliéri, membre de la Commission, avait voté en sa propre faveur, lors de l'amodiation de ces terrains.

Thomas, Pérez et Paccini. Il donne ensuite lecture des diverses demandes de concessions portant sur le communal de *Ras-Satha* et *Kef-Ghezala* et qui se résument ainsi :

M. Camilliéri offrant une redevance de 0 fr. 50 par tonne.

Mollet, 1 franc.

Pérez, sans offre ferme.

> *Striedher :* 1 fr.   » par tonne sur les 10.000 premières.
>
> »   » 90   »   »   suivantes.
>
> »   » 80   »   »   »
>
> »   » 70   »   »   »
>
> »   » 60   »   »   »
>
> »   » 40 au-dessus de 50.000 tonnes.

M. Garnier, offrant une redevance de 1 fr. 25 par tonne, *avec une garantie effective et immédiate de dix mille francs en un billet à ordre de la Banque de l'Algérie.*

M. Cau offrant une redevance de 1 fr. 50 par tonne.

La Commission délibère ; elle prend en considération les protestations soulevées par la concesssion de *Ras-Satha* à *M. Camilliéri*, membre du Conseil municipal et décide immédiatement, puisque cette affaire revient en discussion, d'annuler la décision du 20 septembre et, en ce qui concerne la nouvelle attribution de ce gisement, de s'en tenir à l'offre la plus avantageuse pour la Commune.

Le Président dit qu'il croit devoir rappeler à la Commission qu'elle ne doit s'inspirer que de sa conscience et des intérêts bien entendus de la Commune ; il donne de nouveau lecture de la dépêche préfectorale du 11 novembre, numéro 8.630 et laisse à la Commission le soin de prendre une décision, sans plus prendre part à la discussion ni au vote.

La Commission écarte, de premier abord, les quatre premières demandes comme moins avantageuses ; et le débat ne porte plus que sur les demandes *Garnier* et *Cau*.

La dernière contient une offre de redevance plus élevée, mais *sans garantie ferme.*

La première, bien qu'offrant une redevance légèrement inférieure, présente deux avantages appréciables : *celui d'une redevance minimum de 2,500 francs par an ; et celui d'un versement immédiat de 10,000 francs, acquis définitivement à la Commune, même en cas de non exploitation.*

Après un débat très long, le Président met aux voix et, par six contre trois, la préférence est donnée à *M. Garnier qui est déclaré adjudicataire des gisements de « Ras-Satah » et du « Kef-Ghesala »*, tels qu'ils sont limités au croquis joint au procès-verbal d'expertise remis au cours de l'enquête ; les terrains collectifs compris dans le périmètre de la concession primitive *Camilliéri*, restant à la disposition de ce dernier, qui aura la faculté de renouveler des propositions en ce qui les concerne.

Après ce vote, l'adjoint de *Youks* déclare que *cette décision doit être considérée comme définitive et, que, dans le cas où il serait proposé, une nouvelle fois, de reprendre encore l'examen de cette affaire, il se refuserait à toute discussion ; tous les membres indigènes s'associent à cette déclaration et la confirment.*

La Comission approuve, d'ores et déjà, le contrat à intervenir entre la Commune et *M. Garnier*, dans les mêmes conditions générales que les contrats Bertagna et Barboutie.

Extrait des registres des délibérations de la Commission municipale de la Commune mixte de Morsott.

LETTRE DE M^E MONOD

Avocat près la Cour d'Assises et les Tribunaux de Bône

A MONSIEUR LE MINISTRE DE L'INTÉRIEUR, PARIS

Bône, le 21 avril 1894.

Monsieur le Ministre,

Le sieur Garnier (Eugène), négociant, domicilié et demeurant à Tébessa, a l'honneur de vous exposer respectueusement ce qui suit :

Depuis la loi du 5 avril 1884 sur l'organisation municipale (art. 68) les baux des biens communaux sont réglés par le Conseil municipal, toutes les fois que la durée du bail n'excède pas dix-huit années. Mais l'article 164 de cette loi, la déclarant applicable aux Communes de plein exercice de l'Algérie, sans faire mention des *Communes mixtes,* il en résulte dans la rigueur du droit que ces dernières sont encore soumises à la législation étroite qui régissait les Communes mixtes, avant la loi de 1884 (Arrêté du Gouverneur général du 20 mai 1868, art. 11 à 13 et décret impérial du 27 octobre 1858, art. 11, et le tableau B annexé).

Le bail consenti par la Commission municipale d'une Commune mixte, quelle qu'en soit la durée, n'est donc exécutoire que s'il a été révêtu de l'approbation préfectorale, le Conseil de Préfecture entendu.

Mais, bien évidemment, si le Préfet veut tenir compte de l'esprit de la loi de 1884, en se disant qu'une Commune mixte sera demain Commune de plein exercice, il ne touchera qu'avec une grande réserve aux délibérations des Commissions municipales, surtout lorsqu'elles sont régulièrement prises et dûment motivées.

Il en est de ces délibérations comme de toutes les décisions prises, sur les lieux, par des corps autorisés, après des investigations dont le détail et les résultats ne peuvent être révélés à l'autorité supérieure éloignée de la localité, à moins de circonstances exceptionnelles qui ne se présentent, certes pas, en l'espèce dont il va être parlé, le Préfet ne pourra que faire confiance aux Administrateurs probes et éclairés qui, seuls, sont en mesure d'apprécier et de gérer utilement les intérêts de la Commune.

Rappelons, dans cet ordre d'idées, que les législateurs de 1837 (Art. 18 de la loi du 18 juillet 1837) *présumaient* la validité de la décision municipale, laquelle était exécutoire de plein droit, à moins d'annulation pour violation de la loi ou sur réclamation d'une partie intéressée. Il arrivait souvent d'ailleurs que le réclamant nominal n'agissait que pour le compte d'une autre personne, sans qualité ou sans intérêts, comme c'est le cas dans l'espèce qui est soumise aujourd'hui à votre haute religion.

Faits. — Par délibération du 16 janvier 1894, après expertise faite par un expert nommé par M. le Préfet et sur le vu du procès-verbal d'icelle et des plans annexés ; après enquête *de Commodo et Incommodo* annoncée par affiches et publiée sur tous les marchés de la commune, ladite enquête ouverte pendant huit jours, après examen minutieux de six réclamations présentées au commissaire-enquêteur.

La Commission municipale de la Commune mixte de Morsott, a concédé au sieur *Garnier,* pour dix-huit années, l'exploitation des gisements de phosphate de chaux sis sur le communal de Morsott aux lieux dits Ras-Satha et Kef-Ghezala, tels qu'ils sont délimités sur un croquis annexé, et elle a laissé à un sieur *Camillieri,* concurrent de *Garnier,* la faculté de faire de nouvelles propositions au sujet de certains terrains réservés.

Cette concession consentie au sieur Garnier l'a été aux conditions suivantes qui, assurément, offrent toute sûreté aux intérêts de la commune :

1º Le concessionnaire paye la somme de 1 f. 25 par chaque tonne extraite ;

2º Il garantit à la commune une redevance annuelle *minima* de deux mille cinq cents francs (2,500) ;

3º Il lui verse immédiatement à valoir une somme de dix mille francs (10,000).

Discussion. — Jamais décision ne fut plus mûrie, mieux prise en connaissance de cause, le sieur *Garnier* souscrivant à toutes les conditions générales imposées aux deux concessionnaires antérieurs, tout en payant une redevance cinq à six fois plus forte que la leur. La commission, pour se déterminer, avait dû, non seulement analyser les propositions rivales des concurrents, mais mesurer la surface de chacun, et peser aussi les garanties que tel ou tel offrait à la commune ; cette consciencieuse étude, faite et refaite, ne s'était pas accomplie sans peine ; aussi, l'adjoint indigène d'Youks, connu pour sa prudence à l'égard des Européens, déclare-t-il, dans un sentiment de juste satisfaction personnelle qui éclate naïvement, que cette décision doit être considérée comme définitive, et que dans le cas où il serait proposé de reprendre une nouvelle fois encore l'examen de cette affaire, il se refuserait à toute discussion (tous les membres indigènes, d'après le procès-verbal, s'associent à cette déclaration et la confirment).

Mais ces six Conseillers indigènes, dont l'opinion unanime a une autorité particulière en l'espèce, puisqu'il s'agit d'un bien de commune mixte (franco-arabe), comptaient sans la passion du concurrent n° 2, le sieur *Mollet* ou mieux de la personne qu'il représente. Cette personne, vexée d'avoir fait personnellement ou par intermédiaire, des offres presque égales à celle de Garnier (elle offrait un franc par tonne tandis que celui-ci donne 1 fr. 25) a décidé un sieur Cau, avocat à Tébessa, chef lieu de canton, à protester auprès du Préfet contre la préférence donnée aux propositions de Garnier, et c'est la protestation du sieur Cau, que M. le Préfet a jugée suffisante pour faire échec à l'exécution de la délibération de la Commission municipale.

Or, cette protestation ne devait pas arrêter la religion de ce haut fonctionnaire parce qu'elle n'est pas sérieuse, pour cette simple raison que M. Cau n'était pas un soumissionnaire sérieux.

En effet, tout d'abord, M. Cau est avocat, plaidant devant la justice de paix de Tébessa, sa résidence, mais inscrit au barreau de Guelma ; et sa qualité d'avocat lui interdit tout trafic.

C'est au dernier moment, une heure avant la réunion de la Commission municipale que, ayant connu probablement par une indiscrétion la redevance offerte par Garnier, il a déposé une soumission, où il offrait 1 fr. 50, mais qui était déposée aveuglément, *sans le plan ou croquis réglementaire à l'appui,* exigé de tout soumissionnaire comme preuve qu'il agit en connaissance de cause, qu'il sait ce qu'il fait.

La soumission de M. Cau était donc irrecevable en la forme ; la Commission, au lieu de se borner à la déclarer telle, a voulu, par excès de conscience, l'examiner au fond, et elle a constaté qu'elle émanait d'un homme qui n'avait ni les capitaux ni les loisirs voulus pour l'entreprise dont il s'agissait ; et que la Commune ne pouvait accorder la concession qu'à un homme sur lequel elle fut autorisée à compter, *l'amodiation des biens communaux ne devant pas être à l'état de question perpétuellement agitée, ainsi que le déclaraient MM. les Conseillers indigènes, avec leur bon sens pratique.*

M. Cau offrait donc 1 fr. 50 tandis que M. Garnier n'offrait que 1 fr. 25 — mais le premier ne présentait aucune surface, tandis que le second justifiait de la façon la plus démonstrative qu'il avait des capitaux, puisqu'il remettait à l'avance 10.000 francs sur ses redevances.

La Commission ne pouvait hésiter longtemps et elle s'est déterminée sans peine en faveur du sieur *Garnier.*

M. Cau acceptait cette décision, sans en être autrement surpris, lorsque la personne pour laquelle avait agi le sieur *Mollet* est venue l'arracher à sa résignation et le déterminer à s'opposer à l'homologation de la délibération.

Nous croyons avoir démontré que la protestation de *M. Cau* ne peut pas être plus sérieuse que ne l'était sa soumission elle-même ; mais il faut bien, surabondamment, examiner les critiques articulées par M. Cau.

I. — D'après lui, les garanties pécuniaires offertes par le sieur Garnier et dont la Commission municipale a tenu compte, seraient de nulle valeur, parce que ces garanties n'avaient pas été exigées officiellement des soumissionnaires, comme une condition nécessaire ou utile de la soumission.

A cela nous répondrons qu'il n'est défendu à personne de justifier de sa consistance pécuniaire ; qu'il est même très utile de le faire pour mettre une Commission municipale en mesure de choisir, au milieu de concurrents inconnus ou peu connus, celui qui est le plus sérieux.

Il est présumable, d'ailleurs, que M. Cau savait très bien que le sieur Garnier avait déposé, à l'appui de sa soumission, un bon de la Banque, de dix mille francs, l'employé qui lui a révélé le chiffre de la redevance offerte par *Garnier* n'ayant pu lui laisser ignore ce détail important.

II. — En outre, le protestataire reconnaîtrait lui-même que sa soumission était irrécevable en la forme, faute de plan y annexé et il dirait : « Si la Commission s'était bornée à m'appliquer cette irrecevabilité, je m'inclinerais ; mais sa décision est mal motivée, par ce parallèle entre les garanties offertes par Garnier et le défaut de garanties de ma soumission. »

M. Cau oublie que les motifs d'une décision n'en sont point la partie essentielle et que toute décision peut être confirmée, soit par adoption de motifs, soit pour d'autres motifs que ceux invoqués par le premier juge.

La seule question utile à examiner, pour le juge d'appel, est celle de savoir qui des parties en présence a raison au fond.

Qui, en l'espèce, sera le meilleur exploitant, celui qui extraira le plus et paiera le mieux ?

Quant au désagrément qu'éprouve cet avocat à voir examiner sa consistance, comme entrepreneur d'extraction de phosphates, il devait s'y attendre du moment qu'il déclarait, par écrit, vouloir se livrer à d'autres opérations que ses travaux professionnels.

III. — Nous estimons enfin qu'il y a un intérêt de premier ordre, à la fois de bonne administration et de convenance politique, à ne pas mettre à néant une décision mûrement prise par les membres de la commission municipale de Morsott, *tous gens honorables et bons Juges en cette question locale, s'acquittant avec dévouement de leur mandat.* La Commune mixte de Morsott est, à la fois, indigène et française, et beaucoup plus indigène que française ; c'est dire *qu'il doit être fait grand état de l'avis unanime des Conseillers indigènes ;* ils ne s'expliqueraient pas qu'on les astreignît à délibérer longuement sur une affaire d'intérêt local, pour annuler leur décision.

Pour ces motifs, l'exposant vous prie, Monsieur le Ministre, de vouloir bien inviter M. le Préfet de Constantine à donner, dans le plus bref délai possible, à la délibération de la Commission municipale de Morsott du 16 janvier 1894, une solution conforme aux considérations ci-dessus déduites ; tout nouveau retard, de la part de ce haut fonctionnaire, étant de nature à occasionner à l'exposant des préjudices dont l'importance ne saurait vous échapper.

Veuillez agréer, Monsieur le Ministre, l'assurance de mon profond respect.

Signé : HENRY MONOD.

Commission et Consignation

EXPORTATION, IMPORTATION

Éugène GARNIER

TÉBESSA (Algérie)

Bône, le 2 Novembre 1895

Monsieur J. CAMBON, *Gouverneur général de l'Algérie, Alger.*

MONSIEUR LE GOUVERNEUR GÉNÉRAL,

J'ai trouvé dans le *Journal Officiel* de l'Algérie le *Machabet* du 16 octobre dernier, la désignation des douars susceptibles d'être soumis aux dispositions de l'article 10 du décret du 12 octobre 1895 concernant l'exploitation de phosphates de chaux en Algérie et j'y ai vu figurer, à ma grande surprise, les terrains de *Gouraya* qui font partie de la commune mixte de *Morsott*.

Or, vous n'ignorez pas, Monsieur le Gouverneur général que les gisements de phosphates du *Ras-Satah*, qui m'ont été concédés par la susdite commune, avant l'apparition du décret en question, font partie des terrains de *Gouraya* et que je compte les revendiquer par toutes les voies de droit et devant toutes les juridictions.

L'amodiation qui m'a été consentie par la Commune mixte de *Morsott* est d'autant plus valable à cette heure, qu'elle remplit toutes les conditions qui figurent au décret du 12 octobre dernier, décret qui lui est cependant *postérieur*.

Après tous les atermoiements que cette amodiation archi-régulière et légale a dû subir depuis plus de deux ans, pour obtenir l'approbation de l'autorité supérieure compétente, atermoiements qui m'ont causé un préjudice inappréciable, j'étais en droit d'espérer qu'elle serait définitivement confirmée; j'ajouterai même que ce serait un déni de justice et un abus de pouvoir sans pareil, de la part du Gouvernement, si cette amodiation était annulée et si les gisements de phosphate du *Ras-Satah*, étaient, de nouveau, mis en adjudication.

Je dois donc croire que c'est par erreur et par oubli de mes droits, que les terrains de *Gouraya* figurent dans votre arrêté, et je m'empresse de protester auprès de vous contre cette erreur qui, je l'espère, est involontaire et peut encore être réparée.

Veuillez agréer, monsieur le Gouverneur général, l'expression de mes sentiments respectueux.

PPon Eugène Garnier :

(Signé) : F. GARNIER.

ALGÉRIE

Département de Constantine

Arrondissement de Constantine

Commune mixte de Morsott

N° 2618

OBJET :

PHOSPHATES

Restitution d'un chèque de 10,000 francs

Tébessa, le 12 novembre 1895.

Monsieur,

Conformément aux instructions préfectorales du 30 octobre dernier et à celles, plus récentes, du 9 de ce mois, j'ai l'honneur de vous informer que la Commune mixte de Morsott ne saurait plus longtemps conserver, dans la caisse de M. le Receveur, le chèque de 10.000 francs que vous aviez déposé à la suite de votre demande de concession de phosphates. Cette demande n'a pas abouti, n'ayant pas été revêtue de l'approbation de M. le Préfet.

J'ai, en conséquence, l'honneur de vous inviter à opérer, dans la huitaine à dater de ce jour, le retrait du chèque dont il s'agit, lequel, n'ayant pas été endossé par vous, ne peut représenter une valeur qu'en vos mains seules.

Passé ce délai, je me verrais dans la nécessité de vous faire sommation extra-judiciaire.

Je ne pense pas qu'il soit de votre intérêt, de différer plus longtemps le retrait de cette valeur.

Recevez, monsieur, l'assurance de ma considération distinguée.

L'Administrateur,

CAROL.I

Commission et Consignation

EXPORTATION, IMPORTATION

Eugène GARNIER

TÉBESSA (Algérie)

Tébessa, le 18 Novembre 1895.

MONSIEUR L'ADMINISTRATEUR,
de la Commune Mixte de Morsott.

MONSIEUR,

J'ai reçu votre lettre du 12 courant, m'invitant à retirer le chèque de dix mille francs que j'ai déposé entre les mains de votre prédécesseur, en janvier 1894, pour garantir, de mon côté, l'exécution des clauses de l'amodiation des terrains communaux du *Ras-Satah* et *Kef-Ghezala* qui m'a été consentie, par la Commission municipale de la Commune mixte de *Morsott*, à la majorité des membres de cette Commission, lors de l'adjudication qui a eu lieu le 16 janvier 1894.

Je regrette d'avoir à vous refuser le retrait de ce chèque pour les raisons suivantes :

1º Le dépôt de ces 10,000 francs ayant rendu cette somme improductive, pour moi, *depuis plus de 22 mois*, peut bien rester ainsi jusqu'à la prochaine décision du Conseil d'Etat, touchant la concession de *Ras-Satah,* qui m'a été accordée par la Commune de Morsott dans les conditions les plus loyales, légales et régulières, à en juger par les clauses du nouveau décret sur l'exploitation des phosphates qui sont identiques à celles de la concession qui m'a été *adjugée* ;

2º Il est vrai qu'il manque à la délibération de la Commission municipale, l'approbation préfectorale ; mais, c'est fort heureux ! puisque, paraît-il, le Préfet n'avait pas le droit de donner cette approbation qui doit venir de plus haut... jusqu'à nouvel ordre.

Il n'y a, donc, plus qu'à présenter la susdite délibération à l'approbation de l'autorité *actuellement compétente* pour que tout soit en règle, ce qui, je n'en puis douter, aura lieu incessamment.

Je me permettrai, en outre, de relever une légère erreur qui figure dans votre lettre. Le dépôt des 10,000 francs n'a pas été fait, par moi, à la suite de ma *demande de concession,* mais en conséquence de la délibération de la Commission municipale, réunie, à cet effet (après enquête affichée et publiée par ordre de la Préfecture, à la date du 28 décembre 1893) délibération qui m'a déclaré *adjudicataire,* à la majorité de six voix sur neuf votants.

Enfin, je vous ferai observer que l'endossement du chèque en dépôt restait suspendu au même titre que l'approbation, alors préfectorale. L'amodiation étant, de fait, un contrat bilatéral, l'endossement ne devenait nécessaire que lors de la délivrance du titre constatant que la délibération de la Commission municipale avait été dûment approuvée par qui de droit.

Tout ceci, net et bien établi, je ne peux que vous remercier, Monsieur, de l'intérêt que vous me témoignez dans votre lettre, et je vous prie de vouloir bien agréer, en échange, l'assurance de ma considération la plus distinguée.

PP^{on} Eugène Garnier :
(Signé) : F. GARNIER.

Lettre de M. Garnier

A *MONSIEUR LÉON BOURGEOIS*

Ministre de l'Intérieur à Paris

Bône le 4 décembre 1895.

MONSIEUR LE MINISTRE,

De même que j'ai protesté, l'année dernière, auprés de l'un de vos prédécesseurs ainsi qu'auprès de Monsieur Casimir Périer, alors Président de la République : je viens, aujourd'hui, protester auprès de vous, contre les agissements anti-colonisateurs, et surtout, anti-démocratiques de votre administration. Voici les faits :

En janvier 1894 j'ai obtenu, par voie d'*adjudication régulière* et *légale*, de la commune mixte de Morsott, l'amodiation des terrains communaux de *Ras-Satah*, pour y pratiquer l'exploitation des phosphates qui paraissent y exister ; et cela, de bonne foi et à mes risques et périls, sans protections aucunes, sans intrigues politiques ou électorales, par le seul fait de mon honorabilité bien connue des membres de la Commission municipale, qui, à la majorité de six voix sur neuf, m'a déclaré *adjudicataire* du *Ras-Satah*.

Tout s'est passé, lors de cette adjudication (ainsi que vous pourrez en juger par la copie ci-jointe du compte rendu de la séance de la Commission municipale de *Morsott*) de la manière la plus correcte et conformément aux termes du Décret qui a paru depuis, au sujet des adjudications futures de ces exploitations phosphatières, en Algérie.

L'approbation préfectorale manquait, seule, à la délibération qui me rendait adjudicataire par le fait de l'obstruction, tardive mais puissante, de M. Ferrouillat, directeur du *Lyon Républicain*, soumissionnaire évincé, en la personne de son mandataire : M. Mollet.

Depuis 23 mois, j'attends cette approbation ; et, depuis cette époque, le Dépôt des *dix mille francs* que j'ai dû effectuer entre les mains de l'administrateur, comme garantie de ma soumission, dort improductif.

Depuis *23 mois*, vivant dans la préoccupation constante d'obtenir une solution, qui n'est qu'un mirage, j'ai dû négliger mes affaires courantes pour ne m'occuper que de cette concession, que j'avais le droit de considérer comme m'étant acquise, et ma situation commerciale en a été gravement compromise.

Or, dernièrement (suprême ironie !) j'ai reçu du nouvel Administrateur de *Morsott*, sans plus ample informé, une lettre m'invitant à retirer mon dépôt et déclarant que la délibération du Conseil municipal de *Morsott* devenait nulle et non avenue par le fait qu'elle est dépourvue de l'*approbation préfectorale* ; de cette approbation qui vient d'être reconnue *sans valeur* par le Gouvernement.

Ma réponse à cette lettre établit, en toute sincérité, la situation qui m'est faite.

Avant donc de référer cette affaire au Conseil d'Etat, suprême juge des erreurs gouvernementales, je tente un dernier effort auprès de vous, Monsieur le Ministre, qui avez tout pouvoir pour réparer les fautes commises par votre personnel administratif, et je viens vous dire :

Je suis jeune et dévoué aux institutions républicaines. Je vis de mon travail et je comptais en trouver la rémunération dans notre belle colonie où je suis venu m'établir en toute confiance, il y a cinq ans.

Je me suis présenté, de bonne foi et muni de l'appui financier nécessaire, à une adjudication qui avait été annoncée et publiée dans toutes les règles administratives. J'ai eu l'honneur, grâce à mes qualités de commerçant honnête et travailleur et aux avantages qu'offrait ma soumission d'être choisi comme adjudicataire par la majorité des membres de la Commission municipale de Morsott, à l'encontre de nombreux concurrents dont plusieurs tout puissants au point de vue politique. J'ai rempli consciencieusement les conditions qui étaient la conséquence de ma soumission, telle, entre autres, que le dépôt de dix mille francs.

Je crois, donc, avoir le droit de réclamer, de votre justice, l'approbation finale qui doit être donnée, par l'autorité compétente, à la délibération qui m'a rendu adjudicataire de la concession du *Ras-Satha ;* et, confiant dans vos sentiments démocratiques, bien connus, qui doivent vous porter à donner la préférence à un jeune et militant colon, plutôt qu'à l'un des nombreux et puissants financiers ou hommes politiques qui convoitent, à cette heure, les gisements phosphatiers que d'autres ont découverts,

Je vous prie de vouloir bien agréer, Monsieur le Ministre, l'assurance de mon profond respect.

PP^{on} Eugène Garnier :

(Signé) : F. GARNIER.

Je joins, en communication, à la présente lettre, pour éclairer votre conscience :

1o La copie de la délibération du Conseil municipal de la Commune mixte de Morsott ;

2o La copie de ma lettre à votre prédécesseur ;

3o La copie de ma lettre à M. Cambon, Gouverneur général de l'Algérie ;

4o La copie de la lettre que j'ai reçue de l'Administrateur de la Commune mixte de Morsott ;

5o La copie de ma réponse à cette lettre ;

6o La brochure que mon père a publiée et qui contient un exposé sincère et véridique de cette concession.

Quant à ma lettre à M. Casimir Périer, dont je n'ai pas gardé la copie, elle se trouve aux archives du ministère des travaux publics, qui m'a répondu.

BONE

Imprimerie Centrale, Cours National, près la Poste